LES CARACTERES DE LA FOLIE, BALLET,

REPRÉSENTÉ, POUR LA PREMIERE FOIS, PAR L'ACADEMIE-ROYALE DE MUSIQUE

Le Mardi 20 Août 1743.

Et remis au Théâtre le Mardi 6 Juillet 1762.

PRIX XXX SOLS.

AUX DÉPENS DE L'ACADÉMIE.

A PARIS, Chés DE LORMEL, Imprimeur de ladite Académie, rue du Foin, à l'Image Sainte Genevieve.

On trouvera des Livres de Paroles à la Salle de l'Opera.

M. DCC. LXII.

AVEC APPROBATION ET PRIVILEGE DU ROI.

Le Poeme du Prologue & ceux des deux premiers Actes ſont de Monſieur DUCLOS, *Membre & Sécrétaire-perpétuel de l'Académie-Françoiſe, Membre de l'Académie des Inſcriptions & Belles-Lettres, & Hiſtoriographe de France.*

La Muſique eſt de Monſieur DE BURY, *Surintendant de la Muſique du* ROI.

ACTEURS CHANTANTS
DANS LES CHŒURS.

CÔTE' DU ROI.		CÔTE' DE LA REINE.	
Mesdemoiselles.	*Messieurs.*	*Mesdemoiselles.*	*Messieurs.*
La croix.	Le Page.	D'alliere.	S. Martin.
Durand.	Durand.	Massont.	Albert.
Fontenet.	Delvaux.	Salaville.	L'Écuyer.
Delor.	Chicot.	Lachantrie.	Tourcaty.
Roublot.	Préau.	L'étienne.	Cailteau.
Bernard.	Scelle.	Villansin.	Chappotin.
Héry.	Rose.	Duplant.	Favier.
Adélaïde.	Robin.	Desrosieres.	Feret.
Marin.	Antheaume.		Du Perrier.
	Contour.		Boy.
	Dupar.		Laurent.

ACTEURS CHANTANTS DU PROLOGUE.

L'AMOUR,	Mlle. Fontenet.
LA FOLIE,	Mlle. Bernard.
VÉNUS,	Mlle. Dubois.
JUPITER,	M. L'arrivée.

Suivans de L'AMOUR.

Suivans de LA FOLIE.

PERSONNAGES DANSANTS DU PROLOGUE.

SUITE DE L'AMOUR.

Mr. D'AUBERVAL, Mlle. GUIMARD.

Mrs. Cezeron, Hamoche, c., Simonet, Bianqui.

Mlles. Saron, Buard. Lozange, Martigni.

SUITE DE LA FOLIE.

Mr. LANY, Mlle. LYONNOIS.

Mrs. Groſſet, Trupty, Rogier, c., Rogier, l.;

Mlles. Demiré, Saint-Martin, Petitot, Lavaux.

PROLOGUE.

Le Theâtre représente les Jardins de CITHERE.

SCENE PREMIERE.

L'AMOUR, VÉNUS, LA FOLIE;
Suite de L'AMOUR, & *de la* FOLIE.

VÉNUS.

O Crime affreux ! o malheureuse mere !
Mon fils a perdu la lumiere,
La Folie a commis ce forfait odieux,
Et l'Amour est privé de la clarté des Cieux.

Venés signaler sa puissance,
Vous, qu'il combla de ses biens les plus chers;
Vengés le Dieu de l'univers:
Armés-vous, accourés, volés à la vengeance.

CHŒUR des Suivans DE L'AMOUR.

Armons-nous pour l'Amour, courons à la vengeance.
C'est le maître de l'univers.

LA FOLIE.

Vous, à qui j'ai fait part de mes biens les plus chers,
Heureux sujèts, signalés ma puissance :
Venés de la Folie embrasser la défense,
C'est la reine de l'univers.

CHŒUR des Suivans de LA FOLIE.

Allons de la Folie embrasser la défense,
C'est la reine de l'univers.

On danse.

L'AMOUR.

O Ciel, ma vengeance est trahie !

LA FOLIE.

Tout doit céder à la Folie.

L'AMOUR.

Moi, qui reçois tous les vœux.

LA FOLIE.

Moi, qui fais tous les heureux.

L'AMOUR.

Ma vengeance est trahie !

LA FOLIE.

Tout doit céder à la Folie.

VÉNUS ET L'AMOUR.

Souverain Maître des Dieux,
C'est à toi de venger Cithere :
Arme ton bras du tonnerre :
Viens immoler la Folie en ces lieux ;
Lance tes feux, punis la terre !

VÉNUS.

Nos cris ont pénétré les Cieux,
C'est Jupiter qui paroît à mes yeux.

SCENE II.

JUPITER,

Et les ACTEURS *de la Scène précédente.*

JUPITER.

SUr l'Amour & sur la Folie,
Les Dieux sont partagés, ainsi que les mortels;
Mais, par des decrèts éternels,
Le Destin les réconcilie;
Entre eux il rétablit la paix.
Par un arrêt irrévocable,
La Folie, à-jamais,
Doit être de l'Amour le guide inséparable.

Allés, volés, régnés sur tout ce qui respire;
Rien ne peut résister à vos charmes divers:
Soumettés tout à votre empire;
Rendés le monde heureux, régnés sur l'univers.

(*LE CHŒUR répéte ces quatre vers.*)

On danse.

L'AMOUR.

L'AMOUR.

SAns mes ardeurs
Point de plaisirs flateurs,
Mes traits vainqueurs
Des cœurs
Font le bien suprême.
Tous les mortels
Encensent mes autels;
Et dans les cieux
Les Dieux
Brûlent des mêmes feux.

❦

Le plaisir d'une tendresse extrême
Est le bien le plus charmant:
Pour un amant
Délicat & constant,
Les peines, les soûpirs
Ont des plaisirs.

LA FOLIE.

PLus léger qu'Éole,
De ta triste école
Le plaisir s'envole:
Sans moi dans tes chaîne ,
Il n'est que des peines:
Mes aimables jeux
Peuvent seuls rendre heureux,

❦

Chantés ma victoire,
Célébrés ma gloire:
C'est dans le bel âge
Qu'on me rend hommage:
Aimable jeunesse,
A mes loix sans-cèsse,
Aux tendres amours
Consacrés vos beaux jours:
Les biens les plus doux
Sont pour les plus fous;
Si l'on rit de vous,
Le plaisir nous console.

On danse.

VÉNUS.

L'Amour & la Folie unissent leurs autels,
Venés leur rendre vos hommages:
Ils regnent sur tous les mortels,
Leurs plaisirs sont de tous les âges.

Venés jouïr dans ce ſéjour
Des biens les plus doux de la vie :
On les demande à l'Amour,
On les obtient de la Folie.

L'Amour & la Folie uniſſent leurs autels,
Venés leur rendre vos hommages :
Ils regnent ſur tous les mortels,
Leurs plaiſirs ſont de tous les âges.

On danſe.

LES CHŒURS.

Allés, volés, régnés, &c.

FIN DU PROLOGUE.

LES CARACTERES DE LA FOLIE.

PREMIERE ENTRÉE.

ACTEURS CHANTANTS.

PREMIERE ENTRÉE.

L'ASTROLOGIE.

FLORISE, *Bergere*, Mlle. Lemiere.

LICAS, *Berger*, Mr. Pillot.

HERMÈS, *Mage*, Mr. Gélin.

Troupe de MAGES, *de* BERGERS, *& de* BERGERES.

PERSONNAGES DANSANTS.

MAGES.

Mrs. LAVAL, GARDEL,

Mrs. Lelievre, Hyacinte, Hamoche, l., Leger, Dubois, Riviere, Compioni, Lany, c.

BERGERS ET BERGERES.

Melle. ALLARD.

Mrs. GROSSET, BÉATE.

Mlles. PESLIN, PRUD'HOMME.

Mrs. Cezeron, Hamoche, c. Rogier, l. Simonet, Bianqui, Doſſion.

Mlles. Baſſe, Bocard, l., Bocard, c., Villette, Cornu, D'arcy.

LES CARACTERES DE LA FOLIE.

PREMIERE ENTRÉE.

L'ASTROLOGIE

Le Théâtre représente une Forêt ; on voit, d'un côté, la retraite d'un MAGE.

SCENE PREMIERE.

FLORISE, *seule.*

AMour, cruel Amour, je languis dans tes chaînes,
Mon cœur forme de vains soûpirs :
Hélas ! faut-il que j'éprouve tes peines,
Quand je renonce à tes plaisirs.

Licas a triomphé de mon indifférence.
Je voudrois lui cacher le trouble de mon cœur ;
Contre un charme fatal ce cœur est sans défense,
Mes yeux trahissent mon silence,
Et je vois que le Ciel condamne mon ardeur.

Amour, cruel amour, je languis dans tes chaînes,
Mon cœur forme de vains soûpirs :
Hélas ! faut-il que j'éprouve tes peines,
Quand je renonce à tes plaisirs.

Ah ! fuyons : c'est lui qui s'avance.

SCENE II.

FLORISE, LICAS.

LICAS.

FUirés-vous toûjours ma présence ?
Des soûpirs méprisés ne sont pas dangereux ;
Mes plaintes ne sont point terribles :
La pitié ne fléchit que les âmes sensibles,
La vôtre ne l'est pas aux pleurs d'un malheureux.

FLORISE.

L'amant, dont l'orgueil nous brave,
Allarme peu notre cœur ;
Celui qui paroît esclave
Est souvent notre vainqueur.

Je sens trop que pour vous l'estime s'interesse,
Un injuste soupçon cherche à vous allarmer ;
Et, s'il m'étoit permis d'aimer ....

LICAS.

Achevés, dissipés le trouble qui me presse.

FLORISE.

Et, s'il m'étoit permis d'aimer,
Vous auriés toute ma tendresse.

LICAS.

Ah ! si de mes soûpirs votre cœur est flatté...

FLORISE.

Les astres nous sont trop contraires.

LICAS.

Eh quoi ! votre crédulité...

FLORISE.

Ah ! n'allés pas par une impïété,
Profaner ces mysteres.

Par des présages trop affreux
Le Ciel a condamné nos vœux.
J'ai vu de nos ruisseaux tarir la source pure,
Nos prés ont perdu leur verdure,
Mon troupeau languissant, dispersé dans les bois,
Ne connoît plus ma voix;
Tout est changé pour moi dans la nature.

LICAS.

Pourquoi le Ciel ſeroit-il en courroux?
Les Dieux n'ôſeroient pas déſaprouver ma flâme;
Mais ſi j'avois touché votre âme,
Les Dieux d'un ſi beau ſort pourroient être jaloux.

FLORISE.

Ce n'eſt pas pour vous ſeul que le Ciel eſt ſévere.

LICAS.

Ah! ſi j'ai ſu vous plaire,
Livrons-nous aux tranſports d'une innocente ardeur;
Et pour aimer, jeune Bergere,
Ne conſultés que votre cœur.

FLORISE.

Hé bien, ſur notre ſort, je veux qu'Hermès prononce:
C'eſt lui qui du Deſtin interprete les loix,
Le Ciel daigne emprunter ſa voix;
J'en croirai ſa réponſe.

(*Elle ſort.*)

LICAS.

Pour aſſûrer le bonheur de mes jours,
Allons d'Hermès implorer le ſecours.

SCENE

SCENE III.

HERMÈS, MAGES, BERGERS & BERGERES.

MARCHE.

HERMÈS.

O Vous, pour qui le ciel est toujours sans nuage,
Unissés vos accens à nos transports sacrés :
Bergers, venés lui rendre hommage ;
Apprenés les destins qui vous sont préparés.

LE CHŒUR.

Chantons, offrons au ciel nos vœux & notre hommage ;
Apprenons les destins qui nous sont préparés.

HERMÈS.

Flambeaux sacrés, astres divins,
Dans votre brillante carrière
Vous répandés sur les humains
Et vos faveurs & la lumière ;
C'est vous qui faites les destins.

LE CHŒUR.

Flambeaux sacrés, &c.

On danse.

HERMÈS.

Lancés, charmant Amour, lancés vos traits vainqueurs;
Répandés vos bienfaits, ſans mélange de peines:
Le ſeul penchant unit les cœurs;
Le bonheur reſſere leurs chaînes.

CHŒUR.

Lancés, charmant Amour, &c.

SCENE IV.

HERMÈS, LICAS.

LICAS.

AUguſte interprete des Dieux,
C'eſt de vous aujourd'hui que mon ſort doit dépendre.

HERMÈS.

Berger, faut-il pour vous interroger les cieux?
Parlés; que voulés-vous apprendre?

LICAS.

Adorateur des decrèts ſouverains
Je ne viens point en percer le myſtère;
Mon ſort dépend d'une Bergère.

HERMÈS.

Qui peut troubler vos jours ſereins ?

LICAS.

Quelquefois à mes maux ſa pitié s'intereſſe,
Elle plaint mon amour, elle eſtime mon cœur ;
Mais l'eſtime n'eſt pas le prix de la tendreſſe.

HERMÈS.

Amans, pour prix de votre ardeur,
Si l'on vous offre de l'eſtime,
Que votre conſtance s'anime,
Vous touchés à votre bonheur.

La beauté qui vous plaint n'eſt pas l'oin de ſe rendre,
Et d'aimer à ſon tour ;
La pudeur inventa l'eſtime la plus tendre,
Pour ſervir de voile à l'amour.

LICAS.

Floriſe croit qu'un noir préſage
S'oppôſe à mes tendres deſirs :
Vous pouvés ſeul terminer mes ſoûpirs ;
Prononcés que le ciel approuve mon hommage.

HERMÈS.

Le Deſtin a tracé ſes arrêts dans les cieux,
Je les lis, ma voix les annonce.

LICAS.

Vous, qui ſavés interroger les Dieux,
Ne pouvés-vous leur dicter leur réponſe?
Je conſens que votre art, divin, ou ſéducteur,
Aveugle mon eſprit, pour faire mon bonheur.

HERMÈS.

Les yeux trop pénétrans profanent nos myſtères,
Le ciel leur cache ſes decrèts;
Nous ne voulons pour nos ſecrèts
Que d'innocentes bergeres,
Et des amants diſcrèts.

LICAS.

Fléchiſſés pour l'Amour les aſtres trop ſéveres,
Daignés combler mes vœux:
Je croirai tout, pour être heureux.

Floriſe vient.

HERMÈS.

Je vais, ſans tarder davantage,
Employer pour vous tous mes ſoins;
Retirés vous ſous ce feuillage,
Et que vos yeux en ſoient témoins.

SCENE V.

FLORISE, HERMÈS.

FLORISE, à part.

PRends pitié d'une infortunée,
O ciel! termine mes soûpirs.
Ou regle nos desirs sur notre destinée,
Ou notre sort sur nos desirs.

HERMÈS.

Devés-vous craindre ma présence?
Je lis dans votre cœur, dissipés votre effroi.

FLORISE.

Quoi, vous sauriés déja?..

HERMÈS.

Rien n'est caché pour moi:
Vous aimés, on vous aime.

FLORISE.

O divine science!

HERMÈS.

Mérités mon secours par votre confiance.
Les soins d'un tendre amant ont-ils su vous toucher?
Licas. . . Mais à ce nom votre trouble est extrême.

FLORISE.

Ah ! puiſque vous ſavés que j'aime,
Je n'ai plus rien à vous cacher.

HERMÉS.

Cédés, cédés au penchant qui vous prêſſe,
Tous les cieux ſont ſoûmis au Dieu de la tendreſſe :
C'eſt l'Amour qui dicte au Deſtin
Les jours heureux qu'il doit écrire :
Lorſque ce Dieu conduit ſa main,
De ſon bonheur un amant eſt certain,
Dans les decrèts du ſort il lit ce qu'il deſire.

FLORISE.

D'un feu nouveau mon eſprit animé. . .

HERMÉS.

Je vois que le ciel vous éclaire :
L'Amour dans un cœur enflâmé
Eſt un rayon de ſa lumière.

FLORISE.

Sage Hermès, que ne dois-je pas
A votre ſuprême ſcience !

HERMÈS.

Faites le bonheur de Licas;
Que ce ſoit-là ma récompenſe.

FLORISE.

Les Dieux, qui calment nos ſoûpirs,
Douteroient-ils de notre obéiſſance.

SCENE VI.

HERMÈS, FLORISE, LICAS.

LICAS.

BElle Floriſe, enfin comblés-vous mes deſirs ?

FLORISE.

Que vois-je ? . . quel ſoupçon ! . . Les Dieux, ou leurs Miniſtres . . .

LICAS.

N'allés pas attirer des préſages ſiniſtres.

FLORISE.

Non, non, je ne crains plus les ſignes menaçans,
Berger, je conſens à me rendre ;
L'Amour m'affranchit des tourmens
Que j'éprouvois à me défendre.

ENSEMBLE.

Que les plaiſirs augmentent nos ardeurs :
Regne, Amour, regne dans notre âme,
Qu'à-jamais ton feu nous enflâme !
Épuiſe tes traits ſur nos cœurs.

HERMÈS.

HERMÉS.

Venés, Bergers, que tout s'emprèsse,
Que tout applaudisse à l'Amour ;
Ce n'est qu'au Dieu de la tendresse
Que vous devés les biens de cet heureux séjour.

On danse.

UN BERGER, *alternativement avec le* CHŒUR.

C'est l'Amour, qui dans ces retraites,
Satisfait nos desirs ;
Nos hautbois, nos tendres musetes,
Ne chantent que nos plaisirs.
Loin de nous la vaine puissance,
Et l'éclat de la grandeur :
Ils séduisent notre innocence,
Sans augmenter notre bonheur.

On danse.

FLORISE.

Jeux, Plaisirs, régnés dans nos fêtes,
Volés, enchaînés les beaux jours,
Prolongés-en l'aimable cours.
Dieux charmants, regnés dans nos fêtes,
Le bonheur naît de vos douces conquêtes :

Quand vous quittés les cieux,
Les Dieux, pour être heureux,
Viennent où vous êtes.
Volés Jeux & Plaiſirs,
Régnés dans nos fêtes,
Comblés ſans-cèſſe nos deſirs;
Baniſſés les triſtes ſoûpirs.

On danſe.

FIN DE LA PREMIERE ENTRÉE.

LES CAPRICES

DE L'AMOUR.

SECONDE ENTRÉE.

ACTEURS CHANTANTS.

SECONDE ENTRÉE.

LES CAPRICES DE L'AMOUR.

AGÉNOR, Mr. Pillot.
EUCHARIS, Mlle. Arnoud.
CÉPHISE, Mlle. Rozet.
UNE GRECQUE, Mlle. Bernard.

Troupe de jeunes gens qui célébrent la fête de VÉNUS.

PERSONNAGES DANSANTS.

HABITANS DE CITHERE.

Mr VESTRIS.

Mrs. D'AUBERVAL, COMPIONI.

Mlles. DUMONCEAU, GUIMARD.

Mrs. Lelievre, Hyacinthe, Hamoche, l., Leger, Riviere, Lany, c.

Mlles. Rey, St. Martin, Siane, Martaize, D'aché, Contat.

LES CAPRICES DE L'AMOUR.

SECONDE ENTRÉE

Le Théâtre représente le Temple de VÉNUS, *dans l'île de Chipre.*

SCENE PREMIERE.

AGÉNOR.

AMOUR, couronne mes desirs!
Par ton caprice & par tes flâmes;
Tu deviens le tiran des âmes;
Tu n'ès Dieu que par nos plaisirs.

Pourquoi faut-il dans ton empire
Trouver des malheureux?
On n'y devroit former de vœux
Que ceux que le bonheur inspire.

Amour, couronne mes desirs! &c.

A l'amour d'Eucharis mon cœur est insensible,
Et Céphise à mes vœux est toujours infléxible:
Ah! cherchons à finir un si cruel tourment.

SCENE II.

AGÉNOR, CÉPHISE.

AGÉNOR.

BElle Céphise, arrêtés un moment.

CÉPHISE.

Dans ce temple odieux tout m'outrage & m'irrite.

AGÉNOR.

Ou plûtôt vous fuyés un malheureux amant.

CÉPHISE.

Rien ne sauroit calmer le trouble qui m'agite.
C'est ici de Vénus le séjour respecté ;
On doit, par un antique usage,
Couronner la beauté
Qui peut en retracer l'image ;
Je pouvois me flatter d'en obtenir le prix,
Et je vois qu'à mes yeux on couronne Eucharis !

AGÉNOR.

Les vrais amans font de leur flâme
Leur suprême félicité :
Mon cœur seroit pour vous le prix de la beauté,
Si l'amour eût touché votre âme.

CÉPHISE.

A l'heureuse Eucharis offrés ces soins flateurs,
Ils ne sont dûs qu'à la plus belle :
Allés partager avec elle
Et sa tendresse & ses nouveaux honneurs.

AGÉNOR.

Ah ! vous savés trop bien, cruelle !
Qu'à votre sort le mien est attaché.

CÉPHISE.

Si de mon sort votre cœur est touché,
Prouvés-moi votre amour en servant ma colere.
Que des mains d'Eucharis le prix soit arraché ;
Alors soyés sûr de me plaire.

AGÉNOR.

Vous ne voulés que m'outrager . . .
Mais si jamais je puis me dégager . . .
Il est un terme à la constance.

CÉPHISE.

Ou servés ma fureur, ou fuyés ma présence.

J'apperçois d'Eucharis le triomphe odieux,
Sortons

AGÉNOR, *en suivant* CÉPHISE.

Il faut calmer ses transports furieux.

SCENE III.

EUCHARIS, tenant une couronne de fleurs, & suivie de la Jeunesse de l'île de Chipre, qui célébre le triomphe de la beauté.

UNE GRECQUE.

RAssemblons-nous dans cette fête,
Sous les loix de la volupté :
Rendons hommage à la beauté ;
Que tous les cœurs soient sa conquête.

On danse.

LE CHŒUR.

Rassemblons-nous, &c.

UNE GRECQUE.

Amans, redoublés vos ardeurs,
Mérités les faveurs
Dont l'Amour vous comble sans-cèsse.
Charmants objèts de ce séjour
Aimés à votre tour,
Profités de votre jeunesse ;
La beauté n'est, sans la tendresse,
Qu'un outrage à l'Amour.

On danse.

LE CHŒUR.

Rassemblons, &c.

EUCHARIS.

C'est assés célébrer de trop foibles attraits,
Laissés-moi respirer en paix.

SCENE IV.

SCENE IV.

EUCHARIS, seul.

DÉèsse des amours, Vénus, daigne m'entendre,
Sois sensible aux soûpirs de mon cœur amoureux!
Sous ton empire en est-il un plus tendre,
En est-il un plus malheureux?

L'objet, qui remplit seul mon âme,
Méprise mes douleurs;
Agénor est toujours insensible à ma flâme,
Et tous ces vains honneurs
Me font mieux sentir mes malheurs.

Déèsse des amours, &c.

Je le vois; sa présence augmente ma foiblesse.

SCENE V.

AGÉNOR, EUCHARIS.

EUCHARIS.

TAndis que sur mes pas tout un peuple s'emprèsse,
Lorsque j'entends de toutes parts
Retentir des chants d'allegresse,
Agénor est le seul que cherchent mes regards,
Agénor est le seul qui m'évite sans-cèsse.

AGÉNOR.

Parmi les concerts éclatans
Qui célebrent votre victoire,
Aurois-je ôsé penser que mes foibles accens
Pûssent manquer à votre gloire?

EUCHARIS.

Connoissés mieux mes sentimens;
De ces honneurs je ne sens point l'ivresse.
Les éloges de la beauté
Ne charment que la vanité,
Et ne flattent point la tendresse.

Que le triomphe est charmant
Quand un cœur nous rend les armes!
Ce sont les transports d'un amant
Qui font l'éloge de nos charmes.

AGÉNOR.

Je ne mérite pas un si tendre retour.

EUCHARIS.

Quel est le prix de ma constance!
Vous ne doutés de mon amour
Que pour ne pas rougir de votre indifférence.

AGÉNOR.

Apprenés donc tout mon malheur.
Mon cœur vous étoit dû; mais l'injuste Céphise
M'arrache, malgré moi, ce cœur, & le méprise.

EUCHARIS.

Hélas ! je vois avec douleur
Qu'à mes soûpirs votre âme est infléxible ;
Mais, si j'en jugeois par mon cœur,
Vous n'auriés jamais dû trouver une insensible.

AGÉNOR.

L'Amour, pour vous venger, me fait subir la loi
D'une rivale impérieuse.

EUCHARIS.

Votre malheur peut-il me rendre plus heureuse ?
Il en est un nouveau pour moi.

AGÉNOR.

Vous ne connoissés pas encor cette inhumaine,
Et jusqu'où son orgueil insulte à mon malheur.

EUCHARIS.

Après m'avoir enlevé votre cœur,
Que pourroit-elle ajouter à ma peine ?

AGÉNOR.

Son cœur ne connoît que la haîne :
On ne pourroit adoucir sa fierté,
Qu'en portant à ses piés le prix de la beauté,
Que vos charmes ont mérité.

EUCHARIS.

Si le bonheur dépend d'obtenir ce qu'on aime.
Si je ne puis partager en ce jour
Cette félicité ſuprême,
Vous la devrés, du-moins, à mon amour.

(*En lui offrant la couronne de fleurs.*)

Allés, préſentés-lui ce gage,
Qu'elle en jouïſſe déſormais :
Puiſque de votre cœur elle reçoit l'hommage,
Ce prix n'eſt dû qu'à ſes attraits.

AGÉNOR.

Dieux ! eſt-ce donc de la main qu'on outrage
Qu'on doit recevoir des bienfaits ?

EUCHARIS.

Puiſque de votre cœur elle reçoit l'hommage,
Ce prix n'eſt dû qu'à ſes attraits.

AGÉNOR, ſe jettant aux piés d'EUCHARIS.

Généreuſe Eucharis ! votre vertu ſublime
Diſſipe mon aveuglement ;
Et mes remords en ce moment
Me font voir vos attraits, vos vertus, & mon crime;
Je rougis à vos piés de mon égarement.
De vos bontés puis-je être digne encore ?
L'amour brûle mon cœur, le remords le dévore.

EUCHARIS.

Ah ! ceſſés de vous condamner,
C'eſt de votre bonheur que le mien peut dépendre.
Partagés avec moi le plaiſir vif & tendre
Que je ſens à vous pardonner.

AGÉNOR.

De vos vertus mon bonheur eſt l'ouvrage ;
En admirant votre beauté,
On croit voir la divinité :
Votre âme en offre encore une plus belle image.

ENSEMBLE.

Soûpirons à-jamais,
Brûlons d'une éternelle flâme :
Que l'Amour, qui regne en notre âme,
Soit jaloux de ſes bienfaits.

EUCHARIS.

Vous, qui de la beauté célébrés la victoire,
Venés chanter l'Amour, mon amant & ma gloire.

On danſe.

LE CHŒUR.

Reine de la beauté, Déeſſe des amans
Nous adorons votre puiſſance :
Trïomphés de nos cœurs, } recevés notre encens,
Deſcendés parmi nous, }

Le feu de nos desirs, sans-cèsse renaissans,
Annonce votre présence.

On danse.

EUCHARIS, alternativement avec le CHŒUR.

Charmant Amour, âme du monde,
Nous suivons tes aimables loix;
Tu regnes dans les cieux, sur la terre & sur l'onde,
Tout s'anime, respire & s'enflâme à ta voix.

Que d'autres Dieux effrayent l'univers;
Que la crainte leur rende hommage;
Leur culte n'est qu'un esclavage :
Tu trïomphes des cœurs, nous adorons tes fers.

Charmant Amour, &c.

On danse.

FIN DE LA SECONDE ENTRÉE.

HILAS ET *ZÉLIS*, PASTORALE.

TROISIEME ENTRÉE.

Le Poeme est de Monsieur * * *

ACTEURS CHANTANTS.

TROISIEME ENTRÉE.

L'AMOUR,	Mlle. Rivier.
ZÉLIS,	Mlle. Lemiere.
HILAS,	M^r^. L'arrivée.

NIMPHES.

Suivants de L'AMOUR.

CHŒUR de GNIDIENS.

La Scêne est à GNIDE.

PERSONNAGES DANSANTS.

NIMPHES.

Mlle. ALLARD.

Mlle. VESTRIS.

Mlles. PESLIN, PRUD'HOMME.

Mlles. Demiré, Rey, Basse, Saron, Buard, Petitot, Lozange, Martigni.

SUIVANTS DE *L'AMOUR.*

M[r]. VESTRIS.

M[r]. GARDEL.

M[rs]. GROSSET, D'AUBERVAL.

M[rs]. Lelievre, Hyacinte, Trupry, Hamoche, l., Leger, Rogier, c., Dubois, Riviere.

HILAS

HILAS ET ZÉLIS, PASTORALE.

TROISIEME ENTRÉE.

Le Théâtre repréſente un lieu champêtre ; on voit au milieu un autel ruſtique.

SCENE PREMIERE.

L'AMOUR, ZÉLIS.

ZÉLIS.

O Vous, qui ſoûmettés les Dieux & les mortels,
Dieu du bonheur, âme de la nature,
Amour, je n'offrirai des vœux qu'à vos autels ;
C'eſt Hilas qui vous les aſſûre.

L'AMOUR.

Hilas peut-il inſpirer de l'amour ?
Dès le moment de ſa naiſſance
Ses yeux furent fermés à la clarté du jour ;
Comment de la beauté connoît-il la puiſſance ?

ZÉLIS.

Mes premiers ſentiments ſont nés de ſon malheur.
Il déploroit ſon ſort, je me plus à l'entendre ;
D'un intérêt trop cher je ne pus me défendre ;
La pitié ſéduiſit mon cœur,
Et le rendit ſenſible & tendre.

L'AMOUR.

De ſon ſuplice il vous devra la fin,
Il va tenir de vous l'éclat de la lumière.
Hilas pourra jouïr d'un jour pur & ſerein,
Puiſqu'en aimant il a ſu plaire.

ZÉLIS.

Pour ſes yeux étonnés quel ſpectacle enchanteur !
Quoi, ſa félicité deviendroit mon ouvrage ?
Le plaiſir de voir ſon bonheur
M'en fera goûter le partage.

L'AMOUR.

Zéli, un don si précieux
Peut-être de son cœur vous ravira l'hommage :
Lorsque mille beautés paroîtront à ses yeux,
S'il alloit devenir volage ?

ZÉLIS.

Ce seroit un malheur affreux ;
Mais au-moins j'aurai l'avantage
De l'avoir rendu plus heureux.

L'AMOUR.

Évités sa présence,
Dès qu'il apercevra le jour.
On l'amene en ces lieux, craignés son inconstance.

ZÉLIS.

J'espere tout de mon amour.

SCENE II.

ZÉLIS, HILAS, *guidé ſur un ſiége de gâſon.*

ZÉLIS.

Hilas, je dois parler ſans feinte,
Nous nous aimons, je ſens notre félicité ;
Mais l'amour n'eſt jamais ſans crainte ;
Le tems peut amener votre légéreté.

HILAS.

Non, Zélis ; éloignés un ſi triſte préſage.
Mes yeux, privés de la clarté,
A vos attraits ne peuvent rendre hommage;
Mais un lïen plus doux me ſéduit & m'engage,
Votre eſprit vous répond de ma fidelité.

ZÉLIS.

Si quelque Dieu, dans ce jour favorable,
Faiſoit tomber le voile de vos yeux,
Peut-être, Hilas, trahiriés-vous nos feux?
Et vous deviendriés coupable
En cèſſant d'être malheureux.

HILAS.

Pour rendre ma tendresse extrême
Ai-je besoin d'admirer vos appas ?
C'est un bonheur que je ne connois pas,
Mais vous parlés, & j'aime.

ZÉLIS.

Hilas, vos yeux vont être ouverts ;
Vous allés admirer l'éclat de la nature :
Puissiés-vous n'être pas parjure
Au milieu des plaisirs qui vous seront offerts !

SCENE III.

HILAS, *seul.*

De ce vaste Univers je verrois le spectacle ?
Peut-être c'est un vain espoir.

Mais quel Dieu bienfaisant, quel souverain pouvoir
De mes yeux entre-ouverts vient enlever l'obstacle ?
Que d'objets variés s'offrent de toutes parts !
Quelle douce lumière
Étonne mes esprits, & charme mes regards !
Son feu s'étend sur la nature entiere.
L'immensité des Cieux, leur ordre, leur splendeur

Porte le caractere
De leur ſuprême Auteur.

(*On entend une Simphonie champêtre.*)

Quels ſons font retentir ce ſéjour ſolitaire ?

SCENE IV.

L'AMOUR, *ſuivi de Nimphes*, HILAS.

On danſe.

L'AMOUR.

Pour être heureux, jouïs de la clarté ;
Vois tous ces objèts, nés pour plaire :
C'eſt le plaiſir d'admirer la beauté
Qui fait le prix du jour qui nous éclaire.

On danſe.

L'AMOUR, alternativement avec le CHŒUR *de* BERGERES.

C'eſt à l'Amour qu'on doit les jours heureux
Vos / Nos attraits ſont dûs à ſes flâmes
Et c'eſt le bonheur de vos / nos âmes.
Qui brille dans vos / nos yeux.

(*Une Nimphe danſe & tâche de ſéduire* HILAS, *elle n'y reuſſit point ; une autre Nimphe ſemble y parvenir par les grâces voluptueuſes de ſa danſe.*)

HILAS.

Que tout ce que je vois me ſurprend & m'enchante!
Dieux, que de grâces, que d'appas!
Oui, cette Nimphe exprime dans ſes pas
Ce que je ſens quand Zélis chante.

L'AMOUR.

Si c'étoit elle?

HILAS.

Non, je ne m'y méprends pas;
J'éprouverois un trouble extrême,
Je la reconnoîtrois:
Tout décele l'Amour, tout en porte les traits.
Je vais chercher Zélis, je veux voir ce que j'aime:
Grands Dieux! ſans ce plaiſir, reprenés vos bienfaits.

Il ſort.

SCENE V.

L'AMOUR, ZÉLIS.

ZÉLIS.

MAlgré moi-même, hélas! j'allois paroître;
Je ne puis plus long-tems voir mon ſort incertain.

L'AMOUR.

La conſtance d'Hilas ſera votre deſtin
Je n'en ſuis plus le maître.
Zélis, montésſur l'autel;

Mais gardés-vous de vous faire connoître :
Vous vous repentirés peut-être. . . .

ZÉLIS.

Non, non ; je veux ſortir de ce doute mortel.

(Zelis ſe place ſur l'autel.)

SCENE DERNIERE.

L'AMOUR, ZÉLIS, HILAS.

HILAS.

AUcun objet ne peut plaire à ma vue,
Et pour trouver Zélis mes ſoins ſont ſuperflus.

L'AMOUR.

Il faut s'adreſſer à Vénus ;
Venés vous proſterner au pié de ſa Statue.

HILAS.

Que d'attraits ! qu'elle main a pu les raſſembler ?
Voilà de la beauté la plus parfaite image,
Et Zélis doit lui reſſembler.
Soleil, voici l'inſtant où je te rends hommage !

L'AMOUR.

Tu ne vois la clarté que pour être inconſtant ;
Zélis eſt oubliée, & l'Amour en murmure.

Puiſque

Puisque le jour ne sert qu'à te rendre parjure,
Je vais t'en priver à l'instant.

ZÉLIS.

Arrête, Amour ! Hilas n'est point volage.

HILAS.

Qu'entends-je ? c'est Zélis ! quel transport ! quel moment !
Ah, quel bonheur pour un amant
Quand le cœur & les yeux confondent leur hommage !

L'AMOUR.

Goûtés une si tendre ardeur,
Vivés dans ce séjour tranquille ;
Je vous le donne pour asile,
Et je choisis le mien dans votre cœur.

ZÉLIS, HILAS.

Formons des chaînes éternelles :
Regne, Amour, lance tous tes feux !
Tous nos moments seront heureux,
Ton flambeau nous rendra fideles.

L'AMOUR.

Que leurs transports animent vos desirs,
Chantés, célébrés ma victoire ;

Goûtés tous leurs plaisirs :
Aimés ; c'est en aimant qu'on célébre ma gloire.

LE CHŒUR.

Que leurs transports animent nos desirs,
Chantons, &c.

On danse.

ZÉLIS.

Chantons l'Amour & son empire ;
Chantons le plus grand des vainqueurs :
Il nous enchaîne d'un sourire ;
Mais sur tout ses captifs sa main répand des fleurs.
D'un regard il soumet nos cœurs ;
Il regne en souverain sur tout ce qui respire :
Chantons l'Amour & son empire ;
Chantons le plus grand des vainqueurs.

On danse.

ZÉLIS, *alternativement avec le* CHŒUR.

Ne quitte plus, Amour, notre bocage ;
On n'est heureux qu'en suivant tes loix.
Daigne toûjours, sous ce riant ombrage,
De nos cœurs déterminer le choix.

ZÉLIS, seule.

Un volage
Te fait outrage;
Un tendre cœur
Fait son bonheur
De la constance.

LE CHŒUR.

Dieu des amants, signale ta puissance.

ZÉLIS.

Bannis des cœurs
Les soûpirs trompeurs.
Ne quitte plus, Amour, notre bocage;
On n'est heureux qu'en suivant tes loix.

LE CHŒUR.

Daigne toûjours, sous ce rïant ombrage,
De nos cœurs déterminer le choix.

ZÉLIS.

Je fais gloire
De ta victoire:
Toi seul remplis mes vœux.

LE PETIT CHŒUR.

Lance, Amour, tes feux.

LE GRAND CHŒUR.

Fais de ces beaux lieux
Le séjour des ris & des jeux.

ZÉLIS & LES CHŒURS.

Par tes bienfaits,
Régne à-jamais.
Ne quitte plus, Amour, &c.

Un Divertissement général termine l'Opera.

FIN.

APPROBATION.

J'Ai lu, par ordre de Monseigneur le Chancelier, une nouvelle Édition *des Caractéres de la Folie*, avec un Acte nouveau, intitulé HILAS & ZELIS, *Pastorale.* A Paris, ce 3 Mai 1762.

DEMONCRIF.

www.ingramcontent.com/pod-product-compliance
Ingram Content Group UK Ltd.
Pitfield, Milton Keynes, MK11 3LW, UK
UKHW021946260726
13994UKWH00004B/1574

9 782329 272641